Adrien GROSSRIEDER

TOUT UN RIEN

et

VAINE POESIE

© 2021, Adrien Grossrieder
Édition : BoD – Books on Demand,
12/14 rond-point des Champs-Élysées, 75008 Paris
Impression : BoD - Books on Demand, Norderstedt, Allemagne
ISBN: 9782322234318
Dépôt légal : Juin 2020

« *Toi, mystique, tu vois une signification en toute chose (…) je vois une absence de signification en toute chose ; je vois cela et je m'aime car être une chose c'est ne rien signifier.* »
Le Gardeur de troupeaux, Fernando Pessoa (signé par son hétéronyme Alberto Caeiro)

« *LE PROCTOPHANTASMISTE*

Comme un voyage au fond, considérons ces fêtes
Puisqu'à les empêcher je ne parviendrai pas
Aujourd'hui, mais j'espère, avant mon dernier pas,
Mettre au pas diables et poètes. »
Faust, Johann Wolfgang Goethe

« *Demain, on enterrera gratuitement*
on ne s'enrhumera plus
on parlera le langage des fleurs
on s'éclairera de lumières inconnues à ce jour. »
Destinée Arbitraire, Robert Desnos

AVANT-PROPOS

Entre l'âge de vingt-deux et vingt-quatre ans, j'ai écrit une centaine de poèmes que j'avais publiés sous les titres de *Poèmes pour rien ni personne* et *Poèmes pour tout un chacun*, soit deux recueils parus en 2010, en auto-édition grâce au site « books on demand ».

Il s'agissait de débuter dans l'écriture d'une façon ou d'une autre, et même si j'étais déjà censé être adulte, je parlerais quand même d'écrits de jeunesse, dans lesquels on peut souvent ressentir un certain manque de maturité, une naïveté.

Avec le temps qui passe, je me suis rendu compte que la plupart de ces poèmes étaient plutôt médiocres. Je ne sais pas trop pour qui je me prenais à l'époque, peut-être pour un poète maudit ou un pour un génie incompris. Ce qui est sûr, c'est que je ne faisais parfois que peu de cas de la versification ou des formes normalisées. Certains textes étaient plutôt décousus, voire hallucinés, avec un côté un peu rock qui ne me plaît plus, et qui ne me correspondait sans doute même pas avant !
Certains n'ont pas de titre, et quelqu'un m'avait fait cette réflexion qu'un poème qui n'a pas de titre ce n'était pas un vrai poème, mais je persiste à penser qu'un poème a le droit de ne pas avoir de titre.

Certains trahissaient une tristesse disproportionnée, qui, même si elle n'était pas feinte, était sûrement un peu exagérée. (La poésie a le droit d'être triste, mais je dois reconnaître qu'écrire des mots tristes ou des phrases dures dans le but d'être provocant n'est finalement pas exceptionnel.)
D'autres étaient peu travaillés et ne méritaient sans doute même pas d'être écrits.

J'ai donc décidé de reprendre ces deux recueils, de garder les poèmes que je trouve encore assez réussis, de supprimer ceux que j'estime ne pas être bons, et puis de remodeler, voire même de fusionner, ceux qui avaient été bâclés.
« Vingt fois sur le métier remettez votre ouvrage » avait écrit Nicolas Boileau, et force est de constater qu'il avait en partie raison. Parfois l'œuvre est suffisamment bonne pour ne pas la « repolir », mais fréquemment il manque certaines choses, ou d'autres, au contraire, sont en trop…
J'ai néanmoins pu laisser quelques textes qui ne me plaisent plus, par nostalgie,
Je ne voulais pas tout jeter. Je ne suis pas parvenu à tout renier, mais pourtant c'est bien de cela qu'il s'agit : renier certains écrits qui m'ont pratiquement procuré un sentiment de honte lorsque je les ai relus. Bon, c'était une gentille honte qui me faisait dire par exemple : « tsss, comme j'étais niais... »
Cependant, si je devais réécrire ces mêmes choses, j'inventerais un personnage pour pouvoir les écrire.

Ainsi, cet ouvrage regroupe ces poèmes, séparés en deux parties, parmi lesquels j'ai aussi inséré quelques chansons (écrites durant cette période, donc de 2008 à 2010, et indiquées par des astérisques,).

J'ai également glissé, dans une dernière partie, Vaine Poésie, quelques nouveautés : quelques poèmes pas très nombreux, retrouvés dans des carnets ou écrits récemment.

En passant, je crois que je n'arrive plus à écrire de vers. Je préfère à présent la prose qui me permet de m'exercer d'une manière différente et qui ne me force pas à compter sur les doigts. Même si la poésie libre est toujours intéressante à mes yeux, j'ai de plus en plus tendance à compter les pieds lorsque je veux écrire. Je ne sais pas pourquoi j'ai pris cette habitude, je me souviens bien de l'expression : quand on aime, on ne compte pas. La métrique a un côté aliénant.

D'autre part, lors de la réécriture, plusieurs questions me sont venues à l'esprit : est-ce que ces écrits méritent-ils d'être lus par un grand nombre de personnes ? Est-ce que ce sont des textes de valeur ?
Pourquoi est-ce que j'écris ? Et puis d'autres interrogations plus ou moins intéressantes qui reviennent assez régulièrement.

Je n'ai pas trouvé les réponses à toutes mes questions. Toutefois, je peux apporter des éléments d'éclaircissement.

Il y a un proverbe, qui me plaît bien, qui dit : « ce sont les cordonniers les plus mal chaussés », cela n'est d'ailleurs pas forcément la vérité mais ce peut être vrai dans certains cas.

Il en va de même, je crois, pour le poète. Il peut écrire sur l'amour, sur la beauté, alors même qu'il ne connaît rien à ces choses-là !
J'avais écrit cela dans un autre livre, peut-être dans d'autres termes, mais il faut le répéter : le « je » dans mes poèmes n'est pas forcément autobiographique, s'il l'est de temps à autre, il peut s'agir d'un « je » de passage, de transition, de l'instant donné. Oui je suppose que dans mes écrits, la plupart du temps, je me retrouve à écrire avec un « je » non réel, imaginaire, fantasmé ou au contraire redouté.

Pour dire qu'un texte possède de la valeur, il faut, soit qu'il y ait un consensus, c'est à dire que de nombreuses personnes s'accordent à dire que tel texte vaut le mérite d'être lu. Soit qu'une seule personne estime que tel texte est bon pour qu'il y ait dedans une valeur, valeur toutefois minime peut-être mais valeur quand même.
Il y a quand même, dans la littérature (comme dans beaucoup d'autres domaines), un effet Pygmalion souvent perceptible.
Supposons qu'une personne, que vous estimez, vous dise que tel livre est excellent, vous partirez avec un a priori positif. Si vous le lisez, vous chercherez quels sont les éléments qui le rendent si excellent. Cela marche dans le sens inverse, si la personne vous a dit que le livre était bidon.
Bien entendu, il faut relativiser cet effet, chacun ses goûts, chacun ses opinions, ses propres jugements.
Quelque chose de plus vérifiable, c'est la flatterie, la flagornerie dont font preuve certaines personnes.

Si une personne bien vue, qui a bonne réputation, bonne presse, écrit quelque chose de bon. Certains vont s'empresser de lui dire : « Bravo, c'est en tout point excellent » ou des choses dans ce genre.
Si une autre personne moins réputée, moins sociale, avait écrit la même chose, à la virgule près. Tout d'abord, il serait sans doute moins lu, et puis s'il avait droit à des compliments, ce serait du genre : « Mouais, c'est pas trop mal… ».
Bon, peut-être que je me trompe.

D'ailleurs, oui, je me trompe. Car parfois un homme va surpasser son œuvre : un homme peut être bon, admirable dans sa vie personnelle ou sociale, pourtant ce qu'il va créer artistiquement n'est pas aussi bon. Mais, comme c'est un homme bon, son œuvre peut alors devenir intéressante pour une meilleure compréhension de cet être humain.
Il y a aussi des œuvres créées par des criminels ou des délinquants qui deviennent soudainement dignes d'intérêt. Cela dépend finalement des personnes qui vont « consommer » l'œuvre. C'est le public qui choisit.

En ce qui concerne la poésie, on peut penser que c'est une catégorie à part. Car, rien que le mot « poème » peut évoquer plusieurs autres mots.
Lorsque l'on entend poème, on peut avoir à l'esprit : enfantin (souvenir de récitations à l'école), romantique, amour, beauté, folie, rimes, contemplatif, etc. Vous pouvez faire le test vous-même. J'ai écrit les premiers mots qui me sont venus en tête.

Dans un poème, on peut exprimer beaucoup de choses à la fois avec peu de mots. Que ce soient des idées, des couleurs, des sentiments.
La poésie s'incorpore également dans d'autres formes d'écriture : romans, pièces de théâtre, il n'est pas rare non plus d'en déceler dans des articles de journaux. Bref, dans ces situations, elle est un édulcorant, alors qu'elle peut très bien être un ingrédient à part entière.

Toujours est-il que si l'on me demandait : pensez-vous écrire des bons poèmes ? Je répondrais que je n'en sais rien. J'écris de la poésie qui me plaît, ou plutôt non, cela me plaît de temps en temps d'écrire de la poésie, et c'est déjà là l'essentiel. Mais traversera-t-elle les décennies comme l'œuvre de certains que j'admire ? J'en doute quand même fortement.

Enfin, pourquoi est-ce que j'écris alors si je ne crois même pas que mon œuvre est assez bonne ?

J'essaierai une réponse globale.
Certains écrivent pour la reconnaissance de leur talent, pour passer le temps, pour gagner de l'argent ou un prix, pour la thérapie que procure l'écrit, pour donner un peu plus de sens à leur existence, pour se définir en tant qu'individu, pour se venger, pour lutter contre les humiliations dont ils ont pu être victime, et assurément pour d'autres raisons encore.
De même que l'acte d'écrire, la poésie peut être vue à la fois comme un renoncement et comme une acceptation.

Renoncer un moment à la vie sociale pour se concentrer sur une tâche qui n'a pas forcément un sens, qui n'a pas d'utilité perceptible. Vouloir renoncer aussi certainement à une vie trop conventionnelle, et c'est le cas d'autres formes d'art qui permettent de s'évader.
Accepter aussi que ce l'on écrit ne soit pas si bon que ce que l'on avait pu imaginer. Accepter de ne pas être lu, de ne pas être compris, etc.
Tout un tas de choses à accepter, à renoncer. C'est aussi ce qui se passe dans d'autres activités, peu importe ce que vous faites dans la vie. Il y a toujours des sacrifices à faire, toujours quelques avantages à retirer, quelques inconvénients à oublier…
Si l'on y réfléchit : où est l'utilité dans la littérature finalement ? Où est-elle dans les œuvres d'art, ou même dans la culture… Ce n'est que nourriture pour l'esprit, pourraient dire certains, ou une manière de s'élever.

    Bien, cet « avant-propos » commencerait presque à ressembler à un début d'essai sur l'écriture. Ou pire : je raconte ma vie, ce qui n'était pas le but premier.
Mais au final cela est parfois bon de délivrer ses pensées, sans qu'elles ne se cachent derrière un faux « je », ou au moins d'écrire pour tenter de se justifier sans que cela soit nécessaire, sans que l'on ne nous ait rien demandé.

Pour conclure, j'explique mon choix de citations du début. Fernando Pessoa (un ami me l'a fait découvrir, merci à lui) pour sa folie sage, sa philosophie, sa pensée différente.

En ce qui concerne Goethe, je ne peux pas dire que j'ai vraiment aimé Faust, ni même d'ailleurs la Divine Comédie de Dante… Mais il y a du génie dans cette poésie. Il y a de la religion, de la philosophie, du théâtre.

Enfin, Robert Desnos, parce que c'est un des premiers poètes que j'ai lus. J'aime assez l'inventivité qu'il possédait mais je n'aime pas tous ces poèmes. Difficile d'ailleurs d'aimer tous les poèmes d'un auteur (j'aurais pu citer aussi Paul Eluard, Louis Aragon, etc), sans pour autant les dénigrer.

Rares sont les poètes que je n'aime pas. A ceux qui me disent trop négatif, je ne le suis pas tant que cela, puisque j'arrive à trouver des qualités dans des écrits même modestes.

Bien, je termine ici mon introduction.

I. POEMES POUR RIEN NI PERSONNE

Un homme quelconque
Avec son propre corps
Se défendant bec et ongles
Pour ne plus incarner la folie
Dans une maison remplie de toiles
D'aliénés...et d'aliens morts
Ô, deux vies pour le prix d'une
Braderie dans un désert.
Il se donne des airs,
Il est n'importe qui.

Je suis

Je suis un poème sans rime
Une ombre seulement
Que les nuages bas déciment
Ah, traître coup de vent.

Je suis une nuit sans lune
Une ténèbre en suspens
Le soleil sans lacunes
S'allume à mes dépens.

Je suis une vie sans mort
Comme une éternité
Non jamais je ne m'endors
Pas d'hiver, pas d'été.

Ecrans

J'adore les déesses virtuelles et leurs courbes parfaites
Leurs cambrures divines sous lesquelles le diable se devine
Elle m'endort la beauté irréelle, la fête des femmes refaites
Envoûtantes créatures crétines qui illuminent ma rétine.

La ville

La ville a ses rumeurs
Qui contre tout persistent
Créant de vieilles rancœurs
De nouveaux Jésus-Christ.

La ville a ses odeurs
Qui guident les pas triste
Là où l'appétit meurt
En des festins-ministres.

La ville a ses lueurs
Eloignant les Cerbères
Et noyant la pâleur
Des longues nuits d'hiver.

La ville a ses hauteurs
D'où l'on peut admirer
L'écho du Vent Chanteur
Entends-le expirer.

Libido-bidon

On n's'extasie même plus devant les jolies filles
Plus le temps ou bien plus l'envie ?
Nos cœurs s'acharnent à battre irrégulièrement
En dents de scie, cœurs en ciment.

Les corps écœurent mais les cœurs s'émeuvent encore.

Les nymphes, leur seul vrai plaisir : qu'on les regarde ?
Oeil désir ? Pupille hagarde ?
Les hommes se vantant d'une belle conquête ?
Ce sont des cons qui sont conquis.

Plein phare sur mon manque d'adresse
Ouais, les mots sont moqueurs
Un costard le dimanche à la messe
Et tes crocs sur mon cœur.

Viens dans un sourire joyeux
On ira repeindre les cieux
Je te montrerai comment faire
Comment refroidir les Enfers.

Vue de mes yeux embués, toi imbue et moi muet
Ta bouche muée en un désordre de moue émue.

Ectoplasme

Dois-je chanter les louanges de ses dix doigts ?
Ou me délecter de son parfum délicat ?
Je vois, c'est un ange venu des pays froids
Elle m'envenime de ses lèvres-muscat

Elle ondule dans les ombres de mes rêves
Moi, crédule, qui pensais boire sa sève
Mais c'était ma propre bave sur mes lèvres
Que je sentais couler étant pris de fièvre

Au matin, je fus secoué par des spasmes
C'était encore ce terrible ectoplasme
Ah, elle ne me laissera pas tranquille, je le sens,
Elle se propage dans chaque globule de mon sang.

Miroir dégrisant

On me suit à la trace. Qui, pourquoi, comment ?!
On n'essuie pas les traces. Oui je crois que je mens.

Dérision, on me spolie, un culte des valeurs laides.
Déraison, on ne relit pas les insultes, pleurs raides.

Sentiment invariable parasite, je m'obstine à le voir.
Pourquoi me copie-t-on ? Ne peut-on pas faire moins ?
Un aimant intarissable par sa fuite, je me destine au soir,
Tant de fois j'ai glapi, honteux de prendre soin.

J'ai peur du doute qui m'assaillira
Les fleurs ça coûte, jouis ça ira.

De petits pas à pétitions, il n'y a qu'une paix
Personne ne me comprendra mais j'en serai heureux
Au déci des delà des scissions ils m'ont frappé
Des tonnes de mots, sans ça, je serais, euh, preux ?

Mais je ne trouve plus de questions, couve une congestion.

Couvre-moi quand tu me découvriras, gisant ivre tu me verras
Faire le geyser.

Ils m'ont volé dans les moindres recoins
ça me plaît de me geindre à point.

Pour mes petits oiseaux :
Jamais fatigués, seuls là
S'en iront quand ils auront froid.
Les oiseaux perchés sur leurs roseaux
Les oies aux zoo, osent-elles oser ?

Ça siffle dehors, ça chante sans savoir ce que ça signifie.
C'est beau mais sans reflet, tout juste un ricochet
Des croix à cocher, une croche décochée, un cochon caché
Crachez sur l'encoche et
Encore ce chant, ce sifflement
Vient-il du fin fond des combes ?
Le comble des sombres catacombes : lorsqu'une lumière les visite.

Il peut des tonnes d'oiseaux
Si Hitchcock était là, il en rirait ou en ferait un film ?
Xylophones oisifs

Ah, les pirates de l'éther,
n'en ont-ils pas assez de faire dévier notre surélévation spirituelle ?

Reine de rien du tout

Miroir opaque
Dans lequel s'entrechoquent deux flammes futiles.

La Reine se borne à des propos frivoles.

Avec ses yeux noirs et son sourire de miel
Elle a l'air de croire qu'elle peut attendrir le ciel.

Pauvre folle…

« Tic-Tac, Tic-Tac »,
C'est le chant qu'entonnent
Les feuilles d'Automne.

Tandis que le vent s'enfile sous son châle
Ma pauvre Reine fragile râle
Et se proclame la plus belle de l'île
Ile où elle ne voit jamais personne.

Le joueur

Ne joue pas trop avec le diable
Tu gagneras une fois mais lui mille d'affilée
Tu te retrouveras minable
Cloué à une croix sur une terre exilée

Tu imploreras le pardon d'un dieu clément
Que tu te seras inventé, pauvre dément
Et tu crieras : « Rien n'est vrai ! Non, rien n'est vraiment ! »
Alors on t'aura volé ton dernier vêtement.

Rien

Dans les limbes, même les fiers semblent être humbles.

Dans le vide, même les ombres semblent livides.

Dans les abîmes, même les monstres semblent sublimes.

Dans le néant, même les nains semblent être géants.

Nuage de fumée bleue-phosphorescente
A travers les abîmes, j'entame ma
descente
Je ferme les yeux et dévale la
                                pente

J'espère une rime ou une femme qui me
                                         repente.

Dégénérescence…
Les mots sans relief évoquent des images ternes.
Laide effervescence
Amour et griefs provoquent des visages-peine.

Si je meurs

Si je meurs avant l'heure,
C'est que je n'étais pas digne de mes ancêtres.
Si je meurs, pas de pleurs
Mon âme vous fera signe par la fenêtre.

Si je meurs, pas de fleurs
Ecrivez-moi quelques lignes dans le journal.
Si je meurs par erreur,
Je n'avais donc rien d'un cygne ; un mec banal.

Adieu

Adieu l'été
Bonjour l'hiver
Adieu c'était
Mon dernier vers

Adieu le poète
Au matin pendu
Rimes dans la tête
A jamais perdues

Adieu à la catin
A présent une sainte
Dans ses yeux c'est certain
On peut y lire « enceinte »

Adieu ondes mortifères
Qui envahissaient mon âme
Demain je ferai le fier
Quand elle sera ma femme.

Armure opaline

Elle a le cœur fragile, tout comme ses pieds, du moins j'imagine
A défaut d'une chaussure, elle a mis une armure opaline.

Et les mots les plus beaux, comme je les déteste
Car ils ne sont encore pas assez beaux pour elle.

Nous pourrions devenir deux anges immortels
En suivant à la lettre un ancien rituel
Mais je te préfère dans cette vie
En chair et en os, je te vois, ravi.

Tu captives comme une rose d'argent venant d'éclore dans un ciel fielleux.
Tu arriverais même à faire pleurer le Diable.
Dans la nuit, des arcs-en-ciel poussent sur ton passage
Et puis une myriade d'étoiles filantes déguisent la troposphère pour guider ton ombre.
Ton rire a ému le plus gris des nuages
Et tes yeux brisent des cœurs.

Mon sentiment

L'indécence de son regard incandescent transperce mes sens.
Brûlant, ardent, une chouette astrale en hiver.
Je ne sais plus très bien quoi faire de mon corps
Et l'inverse serait réciproque.

Je passerai la nuit dehors à miauler
A parler à ses volets.
Mais quand arrêtera-t-elle de faire semblant de jouer ?
Mes pupilles me trahissent si souvent et une rime triste ne pourra rien arranger.

Elle s'acharne à s'occuper de mon âme
Comme si elle pouvait la trouver entièrement
Elle n'en finit pas d'achever
Les derniers spasmes de mon sentiment.

C'est d'accord pour ressentir quelque chose
Si seulement je le pouvais
Mais je suis dans l'incapacité de m'émouvoir
Dans l'Involonté suprême de m'enthousiasmer.

Saint serment

Tu me mens, sincèrement
Tu me mens, effrontément
Les mots sortent sans mal de ta bouche
Aucun de tes deux yeux ne louche

Sincèrement, tu me mens
Effrontément, tu me mens
Avec ta bouche un peu de travers
Avec tes deux yeux bien grands ouverts

Tu me mens, ah, saint serment
Tu me mens, affront dément
Avec tes yeux vides comme un désert
Avec ta bouche se donnant des airs.

Tu me mens, nous nous aimons ?
Tu me mens, affreux démon !
Il n'y a que ta langue qui fourche
Mais chacun de tes mots fait mouche.

Il y avait une femme,
L'au-delà, c'était parfois dans son lit.
Vous pouvez interpréter cette phrase,
comme vous le voulez.
Sûrement quelque chose entre trépas et septième ciel.
Il y avait une femme,
Avec sa robe de mariée, elle faisait fuir les corbeaux.
Je crois que c'est devenu son métier
Mais ça a marché moins bien que prévu
Du coup, elle a divorcé.

Fragments étiolés dans ses larmes étoilées.
C'est beau parfois d'être triste, mais cela
ne peut pas durer !

Evolution régressive, il faut laisser faire le destin.
Blagues tropicales à coups de « Je t'adore ».
Astrologies en désaccord.
Puisque le ciel était privé de sa lune, il fallait
se rabattre sur d'autres étoiles ou sur d'autres planètes.

Je suis un menteur invertébré.
Passé mon temps à vouloir voir
Ce qui n'existait pas.
Peut-on reprocher à l'oiseau de voler
Ou au juge de juger ?

C'est un juste un rôle, madame.

Messieurs,
Les femmes et leurs mystères
vous mystifient
avec leurs yeux-foudres-amyéliniques
cyclochimériques-platon-hic.

Je ne sais vraiment plus où me mettre.
Bien Mal en point.

J'emprunte l'empreinte des tes étreintes printanières.
Mes neurones se prennent pour Néron.
Trop de Rhum.

Ah regardez, c'est lui.

Il était là à flatter le ciel.
A marchander deux gouttes de pluie contre
un rayon de soleil.
Cascade de soleils tremblotants mis en bouteille.

Il se mit ensuite en quête de séduire une étoile.
Elle avait sa manière à elle pour faire éclore le soleil
Dans le cœur de ses yeux.
Mais elle ne voulait jamais rien savoir.
Il cherchait son Salut dans un de ses Adieux.

Le ciel s'était chargé d'étincelles nuageuses.
Il ne la retrouverait plus, cette étoile,
perdue dans l'immensité des espaces extra-stellaires.
Il passa son temps à compter les flocons
et ses pensées se battaient dans des débats débiles.
Il finit par ne plus y penser.

Bien, je crois que ce n'était pas lui finalement.
Laissez tomber.

Ecriture fantautomatique

Je caresse ses joues, peu enjouées
Je comprends qu'il ne faut pas insister.
Et pourtant je l'ai fait, et cela n'a rien donné.
J'assiste, triste, à mon échec permanent
Dehors, les fous s'éclipsent, cherchant
De l'or pour les faire vivre, même à moitié.

Je suis tout ce que j'ai écrit
Jusqu'à en arriver à la sortie.
Privilège du non-averti : je solitairise
Je subis les abysses, ma bêtise m'hypnotise.

De mes mains moites
Je caresse le carrelage écarlate
Cherchant une réponse en vain
Laissant faire parler le vin
Mais le vin finit par se tarir
Mais le vin finit par me trahir.

Des mes mains chaudes
Je caresse tes seins-émeraude
Humant tes vapeurs lubriques
Laissant faire parler le fric
Mais le fric finit par me salir
Mais le fric finit par t'enlaidir.

Eternelle seconde

Il aimerait être l'Eternité

Chaque éclaircie lui apporte une once de satisfaction
mais c'est passager. Il fallait attendre que les années
passent ; âgé, il croit mieux cerner le non-sens.
La princesse-sorcière a depuis repeint son esprit en rose
Drôle de mélange, orgie banale, brame original,
blâme d'origine anale.
Psyché d'âne analphabète. Âme alpha bêta.
Dans un grenier il a vu comme tout cela était construit.
Viol psychologique au vitriol.
Histoire bancale.
Cela dit, ça tient la route, il y croit.
Influence floue.
Une porte se referme derrière lui.
Il se laisse entendre penser :
« Tes muqueuses me manquent
Alors, on lit mes lettres et on se moque ? »

Ah, des gamineries !
Une belle connerie, des connes laides rient.
La beauté est conceptuelle, imagine-t-il, à tête reposée.

Il n'aimerait être éternellement qu'une seconde.

II. POÈMES POUR TOUT UN CHACUN

MA POESIE FROIDE

Adjectif abject ? Les récifs rejettent
Ma carcasse inerte tel un vulgaire insecte.
Je suis une ombre glacée que des vagues violacées
Dans l'éther font danser, dans ce ciel émacié.
Les montagnes de feu qui soignaient mes bleus
Sont enfouies à cent lieues dans mes songes pernicieux.
Qu'on attache mon carcan au plus proche des volcans
Les étoiles m'en veulent et les diables me gueulent :

« Ta peau est si froide que tous les astres frissonnent
Ta poésie fade mérite qu'on t'emprisonne. »
Alors tant pis pour l'amour
Je dis bonjour aux vautours.

La guerre est perdue, les anges vendus,
L'aquilon est âpre, le soleil dans les vapes.

Je suis la proie facile, le roi imbécile,
Face au silence céleste, encore un quart nord-ouest.
Un dragon embrasse mes plaies qui scintillent
Sous des averses éparses propices à l'apathie.

Ma peau est si fade, et les requins s'empoisonnent
Ma poésie froide mérite qu'on m'abandonne.
Alors tant pis pour l'amour
Je dis bonjour aux vautours.

Et ces mots qui traversent mon encéphale vitreux
Sont des gouttes d'eau épaisses qui me rendent
fiévreux.

Quelques comètes au loin qui s'émiettent,
Je vois dans ce nuage l'esquisse de ton visage.
Toi la beauté cruelle qui laisse des séquelles,
Regarde-moi me noyer dans mes phrases
embrouillées.

FOULE

Dans le tumulte de la ville, routine meurtrière,
Chercher le salut de son âme au fond de quelques verres
Ou dans une arrière-boutique austère.
Puis voir se transformer la foule, statues de pierre
Aux regards médusés.
Le silence des paupières qui se referment,
Barbes rasées, à la lisière de l'épiderme.
Corps serpillières sur les pavés.
Braver les crachats des séraphins.
Se fondre dans la clameur comme se fond le rêve
chez le dormeur ou la foudre dans le lointain.
Eviter de trébucher dans le ravin
Que cache le peuple hautain.
Remonter enfin le courant de la rue fière
Tout en parsemant des cailloux imaginaires.

POEME-MATHEMATIQUE

Voix métallique
Une dulcinée mesquine
Masque idyllique
Forme hallucinée taquine

Manigance subtile
Marasme sarcastique
Délivrance inutile
Des spasmes sympathiques

Poème à thématique
J'aime une femme unique

L'INDOLENTE

Je ne vois plus la pureté
Dans ses iris bleus endiablés
Sourire si noir sur ses lèvres
L'indolente a encore gagné.
Etoiles ivres dans soirs sans fièvre :
Ce à quoi je suis condamné.

Elle répond aux appels par la surdité
Et j'épelle le mot « absurdité »
Il sonne toujours pareil, attristé
Je regarde le feu se congeler.

DERNIERE FOIS

Dernière fois que je me tue pour une fille
Et elle n'en valait sûrement pas la peine
Parfois il suffit d'un rien et tout s'amplifie
Mots d'amour qui se transforment en mots de haine.

Dernière fois que j'écris un poème à une dame
En plus elle ne l'a sûrement même pas lu
Parfois on ne peut pas rallumer la flamme
Et les souvenirs sont des photos superflues.

Dernières fois que je fais la cour à une folle
Oui elle ne l'était sûrement pas tout à fait
Mais c'était à s'y méprendre et moi je raffole
Des soutiens-gorge difficiles à dégrafer.

ALCOOL-HARPIE

L'espoir ne fait pas vivre
Coupe les poires en tarte.

Alcool, mon doux calmant
Il faudrait que tu partes
Avant de me faire ivre
Mais pas suffisamment
Pour que mon écriture semble prodigieuse.

Paresse espérée. Une amante religieuse
La pire des Harpies, la peste de Barbie.
Je t'ai envoyé beaucoup de signaux saignants
Et avec toi c'était « je t'aime un jour sur cent ».

SAOUL

Alliance passagère, elle danse trash, exagère.
Moi ? Un légume végétatif mais j'assume.
Deux verres dans chaque main, je suis un vrai gamin.
« Bonsoir, je vous aime et je veux vous épouser ! »

Un sourire poli, elle est tout excusée
Tant pis, je retenterai peut-être demain
Si je ne suis plus pour elle un corps qu'on inhume
Ou un bibelot posé sur une étagère.

LA FILLE DE L'EAU ET DU FEU

Elle a une allure molle et décontractée
Les yeux dans le vague, les pupilles rétractées
Je vous parle de la Fille de l'Eau et du Feu
Orange ses iris, violets sont ses cheveux.

Elle sait divertir les passants, les séduire,
D'un déhanchement qui provoque leur désir.
N'allez pas croire que c'est une fille de joie
Elle aime juste souffler le chaud et le froid.

On ne la voit pas parfois pendant des semaines
On dit qu'elle est dans la forêt, qu'elle s'entraîne
A faire jaillir le feu du bout de ses doigts
Tandis que les animaux se cachent d'effroi.

Certains ont voulu qu'elle soit leur propre femme
A ses yeux ce sont des fous, moins que rien, infâmes
Car même si quelques uns ont tout pour lui plaire
Elle est promise au Fils de la Terre et de l'Air.

La princesse-mystère a donc refait des siennes
Emportant avec elle juste un parapluie
Car quand il sont trop mouillés ses cheveux deviennent
Tout frisés et je comprends que cela l'ennuie

Elle a fugué sans un mot ni explication
Laissant le prince dans un état pas glorieux
Il crie ou pleure et je comprends qu'il soit furieux
Mais il n'avait qu'à faire un peu plus attention.

Pas de parole, plus de contrôle
Elle danse parmi les Esprits de Nuit
Les yeux comme des éclipses, ouais elle persiste
A croire ce que lui raconte son miroir
Elle est d'une beauté bestiale, un côté glacial
Elle dompte la pluie et fait peur à l'ennui.

Je retombe dans mes travers
Je vois son coeur entrouvert
Ce n'est qu'une ombre en hiver.

Elle s'ingénie à me faire tomber des nues
A moitié nue elle soulage mes insomnies
Elle s'évertue à perpétuer le vice
Je me précipite dans le précipice.
Elle joue à me jouer des tours
Et je cours pour lui faire la cour.

CHARABIA

Mûrissons ensemble
Comme deux cerises prisonnières de la même tige
Deux aigles libres qui naviguent et voltigent
Comme ces étoiles qui flambent et se consument pour se sublimer
Ou comme un et un font deux si tant est qu'un va de pair avec un autre, puisque l'on est toujours tenté de compter.

Moisissons ensemble
Comme ces fruits qui tombent et qui de toute façon finiront par pourrir
Comme ces oiseaux que l'on retrouve dans le jardin en train de mourir
Comme ces étoiles qui deviennent lucioles et que l'on écrase sans faire exprès
Ou comme deux est égal à zéro si jamais on se trompe et qu'on les soustrait d'eux-mêmes.

SINGULIER PLURIEL

Ton amour est pluriel
Ô toi la singulière
Et tes allures fières
Tu as une kyrielle

D'amoureux éconduits
Qui n'attendent qu'un signe
Pour se ranger en ligne
A tes pieds sans un bruit

Oui toi aux visages pluriels
Peut-être plus d'un millier
Mon amour est singulier
Mais le tien pour moi est partiel

Parce que tu rajoutes des consonnes
Tu mélanges les voyelles
Et le mot amour il devient cruel
Pour celui que tu passionnes.

Lente agonie dans la nuit,
Réveil du deuil blanc.
Un visage pleure des larmes de leurre.

Je ne suis pas le seul à qui le Ciel
Promit des choses.

L'inverse s'est donc produit.

Un bienheureux roucoule avec celle que j'aime
Cela me fait écrire des mauvais poèmes
Que les éléments me vengent, me rendent justice,
Que l'on ne me dise pas que tout était factice.

Imposture d'une rose
Je m'enduis d'une lotion qui me rendra éternel
Je n'ai qu'une seule question :
De quelle heure à quelle heure ?
Tout est bien trop lent.

Tiens, revoilà la plus belle des perles
Je l'avais égarée ou plutôt non,
Je l'avais fait fuir
J'étais trop bête et indigeste.

Ouais elle était plutôt terrible
Dans le genre garce amoureuse insensible.
Toujours un téléphone à portée de sa main
Et un autre truc dans la tête à quoi penser.

Je ne me souviens plus de son prénom
Il commençait peut-être par deux « L »
Une dure à cuire

Si vous la croisez, passez votre chemin
Evitez-la comme la peste
Ou tombez amoureux pour ne pas l'offenser.

PERDU

Heures perdues à penser
A nous deux sans toi
A toi avec lui
Et finalement à moi tout seul.

Années perdues à panser
L'absence frigorifique de ton fantôme
Fantasmagorique évanescence
Et cadavériques psaumes.

Siècles perdus à rêvasser
Aux jours qui s'enfuient
Je compte un deux trois
Et j'oublie tout, mémoire veule.

FEMME-ROBOT

Sans me tromper
ça fait mal de t'embrasser
Tu as des lèvres d'acier
Et tes mains en osier
Piquent et puis griffent.

Caractère bien trempé
Pourquoi devrais-je ramper ?
Je ne serai pas ton cabot
Vulgaire femme-robot
Bien plus indéchiffrable qu'un hiéroglyphe
Qui répète à tout-va :
« Je te hais autant que je ne m'aime pas. »

...

Au Menu : du lard Saint
    Je pars sans rien payer
Je reprends un peu de tes seins
    Conflits, transe sur l'oreiller

Je t'ai laissé un gros indice :
    Bleu-Indigo.
Tiens, une fessée pour tes vices.
    Dieu est dingo.

Le jury a délibéré :
    « Tous innocents ! »
Pénurie d'hommes libres au frais
    Glaçons de sang.

CANARDS

J'ai eu beau tuer les cafards
Les canards aboient en fanfare
Comme pour se moquer de moi
ça fait des « Coin-Coin ». Moi : « Quoi ? Quoi ? »

Je ne comprends que le langage des cygnes
Et ne m'enivre qu'au breuvage des vignes.

J'ai déserté les chambres enfumées
Passé le mal des siècles embrumés
Les poumons à peine encrassés
mais pas terrassés. (Une embellie pulmonaire)

Et les canards sont à ma porte
Toute une armée, une cohorte
Avec leurs rires vaniteux
Car c'est moi le vilain boiteux.

Que puis-je contre eux ?
A part rire avec eux.
Je mâche une mèche de mes cheveux.
Je dois commencer à me faire vieux.

CONSTRUCTION

Les constellations : prunelles instigatrices ?
Simples cicatrices du ciel condescendant ?
Autorisation d'écrire un vers transcendant...
Je crois que tout n'est pas inscrit dans la Matrice.

Allié, sois tranquille et balayons du regard
L'azur d'avril qui nourrit nos rêves bâtards
Tordons son cou blafard au dernier des flocons
Puis ranimons les dieux et leur amour fécond.

La peur du risque ne saura nous arrêter
Quand bien même nous attendrions tout l'été
Les baisers chauds des jours meilleurs à la bonne heure
Guériront notre foi et sécheront nos pleurs.

On entend déjà glatir les aigles royaux
Ceux-là mêmes qui protègent les amoureux
Des vices obscurs et des serments déloyaux.
Vermines, corbeaux ou rats n'ont plus rien pour eux

Ils s'enfuient honteux pour se vautrer dans la fange
Là où personne ne pourra les condamner
Tout à coup une aura zinzoline, étrange
Illumine et ressuscite les fleurs fanées

Allié, soi confiant et sens la bise amicale
Embrasser nos visages, purifier nos âmes
Vois sur la plage naître ces châteaux de sable
Et la joie des enfants aux sourires vainqueurs.

C'est la construction d'un royaume de splendeurs
L'extinction de la traîtrise, de la laideur
C'est la fin de l'orgueil, des vaines dignités
Renouveau de la clarté, de la volupté.

C'est l'innocence reconquise au gré du temps
Une oasis dans un désert qui nous attend
C'est la beauté prude des nymphes dénudées
La bonne paroles de nos pères ridés.

C'est le Phénix qui survit aux flammes du Diable
La robe colorée d'un oiseau tropical
C'est l'odeur des croissants au petit-déjeuner
Le sourire qu'un inconnu nous a donné.

C'est l'usurpateur qui est enfin démasqué
L'arnaqueur qui se fait lui aussi arnaquer
C'est le premier mot que le bébé articule
Le ciel fuchsia qui devient feu au crépuscule.

Allié sois serein, et bâtissons cet empire
Car quoi qu'il en soit, nous ne pourrons faire pire.

Maîtrisons la puissance des éclairs de glace
Ces vieux gîtes seront des manoirs, des palaces
Et nous nous endormirons sans souci dans l'or
Ravi aux divines ruines des météores.

JOURNEE

Journée à la chevelure dorée qui ondule sur les
trottoirs et les routes parfumées au goudron.

Journée dérisoire qui se promène le long des berges
en chantant des rayons de soleil fauves.

Journée à la cadence régulière du clapotis de l'eau
tiède qui berce le fleuve là ou la cité s'arrête nue.

Journée étouffante et acariâtre qui pollue les bronches
des chiens exténués à force de promener leurs maîtres
esclaves de leurs besoins.

Journée luminescente qui inonde la rue vierge
de pointillés laiteux pour aveugler les vitrines
où s'entassent des regards uniformes et inquisiteurs.

Journée myosotis aux accents d'olive semblable
au chant des grillons qui s'achemine vers les arcanes
endormis quand tombent les ténèbres.

FATUITE

Synonyme d'anonyme ? Moi, toi, ou nous ?
Antonyme d'unanime ? Voix garde-à-vous ?
On ne peut pas incessamment polémiquer
Donc voici quelques phrases peu alambiquées.

« Voyez-vous, dit le prophète, je suis malsain,
Ce n'est pas moi qui le dis mais mon médecin. »
Il avait l'air plutôt sage pour un dingue
C'est ce que j'ai pensé avant qu'il sorte un flingue.

Oui c'est toujours le même cheval qui hennit
Il s'appelle « Croissant de Lune de Minuit »
Il semble gentil mais je crois qu'il est hanté
Car aucun jockey ne se risque à la monter.

J'étais certain que cette femme était aimable
Elle était polie, belle de près et de loin
Mais quelqu'un m'a dit et ce n'est pas une fable
Qu'elle avait tué son mari au mois de juin.

Et puis il y avait cet arbre chaleureux
Tellement chaleureux… J'ai voulu méditer
Je me suis assis mais le temps a disjoncté
Il m'est tombé dessus, ah, le monde est affreux.

LES YEUX-WHISKY

Les yeux-whisky tu me souris, une glace au parfum de vanille.
Moi je dis oui aux yeux-whisky, tour de passe-passe je te déshabille.
Les yeux-whisky, ils me défient de venir te rejoindre dans ton lit.
Les yeux-whisky, tu m'as séduit, je te suis jusqu'à plus l'infini.

Et tant pis si ça pique, si ça brûle
Si tu me niques mes cellules
Et si ma musique est un peu nulle
Tu t'appliques et me manipules.

Les yeux-whisky, je suis soumis et je subis toutes tes lubies.
Les yeux-whisky, tu m'asservis et je suis frappé d'apoplexie.
Je t'interdis les yeux-whisky, à tout prix de contrôler ma vie.
Tu me détruis les yeux-whisky, mais quand t'es pas là moi je m'ennuie.

Les yeux-whisky, je me méfie de tomber à jamais dans l'oubli.
Tu les maquilles, tes yeux-whisky, dis moi pour qui est-ce que tu t'enfuis.
Les yeux-whisky, tout est fini car ton regard lance des aiguilles.
J'aime bien la fille aux yeux-whisky, prenez garde si elle vous a conquis.

Et tant pis si ça pique, si ça brûle
Si tu me niques mes cellules
Et si la musique est ridicule
Toi tu t'appliques et tu simules.

GUERRE

La vie était brouillard et les avis brouillons
Les soldats soûlards, ils ont souillé leur nation.
Pas trouillards pour un sou, mais pas braves pour deux
Ils ont creusé un trou pour s'enterrer dedans.

Que valent ces mascarades, morts disparates,
Fureurs et cris ? Une entrave faite aux perdants
La Morale à zéro, coups bas, corps pas intacts,
Et en guise de merci : des tirs par saccades.

A l'aube quelqu'un a compté les survivants
Et puisque l'Echo
Criait « Ex aequo ! »
Il a fallu remettre ça au jour suivant.

L'intérêt de se trucider doit résider quelque part,
Si jamais vous le trouviez, ne m'envoyez
pas de faire-part.

LA PRETRESSE ET LA FIN DU MONDE

Chantant ses litanies dans sa langue étrangère
Devant un tas de squelettes en admiration
C'est d'accord, elle peut tout prendre à légère
Mais mérite-t-elle autant d'adoration ?

Elle s'égosille, le monde retient son souffle
Ses cordes vocales, ne vont-elles exploser ?
Faites un vœu, elle pourra peut-être l'exaucer.
L'ombre pétrifiée de la lune la camoufle.

On voit des serpents sifflants danser à ses pieds
Des vieux volcans se mettre à rugir sous ses ordres
Des orties pulluler et des arbres se tordre.
Elle maintient la transe pour quelques billets.

Des hiboux viennent pousser leurs cris démoniaques
Et du sol s'échappent des vapeurs d'ammoniac
Ainsi que des nappes, des geysers de pétrole
La prêtresse faiblit, elle perd tout contrôle.

Le spectacle est fini, elle est morte à présent
Dans un dernier soupir nous avons pu l'entendre
Qui murmurait : « Courez, fuyez, allez vous-en ! »
La terre n'était déjà plus qu'un champ de cendres.

ACIDULE

Elucider les mystères acidulés :
Assez joué ! Révélez-moi la Vérité !
Elevez-moi au plus haut, je l'ai mérité
Qu'on m'aide à déjouer les pièges ondulés.

Livrez-moi le nom de tous ceux qui m'ont trahi
Je les immolerai sous vos yeux ébahis
Ou les pardonnerai si tant est qu'il s'agisse
D'imiter ces hommes qui un jour s'assagissent.

Je serai la résurrection de vos vertus
Je serai votre salut ou votre ciguë.
Je serai votre amour retrouvé ou perdu
Je serai le cancre ou l'écolier assidu.

Je serai ce que vous voudrez mais s'il vous plaît
Dites-moi ce qui est faux ou vrai, beau ou laid
Car je suis incapable d'être clairvoyant
Sur la valeur d'une chose et c'est effrayant.

ELECTRICITE

J'ai le souvenir d'une nuit où j'ai tenté
De percer le secret de l'électricité
Qui se dégageait de ton âme à demi-nue
Je dois l'avouer, je n'y suis pas parvenu.

La formule devait être un peu trop complexe
Pour moi qui n'ai pas de bonnes notions en sciences
Je suis resté là, désemparé et perplexe
En attendant que tu brises enfin le silence.

Tu as mis sur ton dos des ailes de vengeance
Pour prendre ton envol vers des cieux moins hostiles
Et trouver quelqu'un qui te sera plus utile
Quelqu'un qui ne te manquera pas d'allégeance.

Eh bien va, puisque je n'étais pas doué
Pour décrypter ce corps que tu m'avais alloué.
J'apprendrai mieux mes leçons et je serai prêt
Si jamais la foudre venait me re frapper.

AUPRES DE LA JETEE

J'entends encore ce résonnement impétueux :
Des vagues s'abrutissant contre les rochers
Dans un vacarme assourdissant mais somptueux.
Pas de blague, le Créateur a l'air fâché.

Sombres déchaînements et grondements du vent
La mer, ce soir, prendra le sable pour divan.
Un grand bateau navigue sobrement au large
Loin de la tempête, il ne fera pas naufrage.

Les matelots pensent à leurs femmes abandonnées
Pénélopes qui les attendent, passionnées
Un dé à coudre dans une main et l'enfant
Qui tête leur sein goulûment en s'étouffant.

Fin de la furie, la mer est moins agitée
Le calme est revenu auprès de la jetée
Demain matin les mouettes reviendront chanter
Et je contemple sur l'eau l'écume argentée.

JE CONNAIS

Je connais les soleils
Et les nuits qui les chassent.
Je connais l'aurore
Et les rosées des petits matins tremblants.
Je connais les protocoles du midi
Et toute la vie qui en découle.
Je connais les quarts d'heure fugitifs
Où le sommeil nous fait perdre la face.
Je connais les minutes légères
Au bord d'une eau qui se réveille.
Je connais la décadence des jours vifs
Qui se profile en un souverain élan.
Je connais les soirs où le sort
Nous cloue au sol avec perfidie.
Je connais les lits qui digèrent
Les pleurs de l'amour qui dessoûle.

DES NUITS

Il y a des nuits comme celle-là
Avec un écran noir et aucune image dans la tête
Complètement inoffensif
Vous voyez peut-être de quoi je parle
Des nuits
Où une liasse de billets déposée sur le palier
Attirerait à peine l'attention
Où une explosion au dehors ne ferait lever
qu'un sourcil d'étonnement
Où votre chat ne vous amuse même plus
Où la femme que vous aimez peut bien être avec qui
elle veut
Où vous êtes amorphe et seul, à faire pleurer
une goutte de pluie
Mais vous vous efforcez à garder le sourire
Comme la personne multi rediffusée qui présente
le journal à trois heures du matin.

L'ORAGE

Comme si le ciel n'avait pas assez tremblé depuis des siècles ou comme s'il avait besoin de changer de couleur de temps à autre.
Se peut-il que l'astre solaire soit parfois fatigué ?
Le vent souffle comme un avertissement effrayant les lotissements et des femmes qui se camouflent en fuyant.
Encore un autre coup de tonnerre : sorte de guerre entre la terre étonnée et les éthers indomptés.
Les chats sont à l'abri, les loups aux abois
et les licornes n'existent toujours pas.
Bouche-toi les oreilles, ne sommes-nous pas mieux
dans le plus simple appareil ?
Un éclair fanfaronne. Boum ! Un arbre en moins et un toit qui dégringole, le voisin en rigole mais une bonne tuile pour Madame la Baronne.
Dans un nuages gris, on peut lire toute la rage et le mépris que nous vouent des anges volages.
Car entre chaque Dieu, il y a toujours un Diable qui pointe le bout de sa queue.
La pluie est aussi de la partie et pour la parer, certains pâles s'expatrient vers d'autres pays.

NATURE 1

Paysage découpé à travers la vitre :
Tête tournée à droite vers le bas.

Feuilles mortes, bruine fine, verdure jaunissante
Flore féline, neuro-végétative
Lambeaux d'arbres arborant une flopée d'oiseaux fiers
Enveloppés de leur aura particulière.

La tête tourne une fois à gauche et de nouveau à droite
vers le haut.

Soleil rougissant
Sans doute ému par la venue prochaine, attendue,
De celle qu'il ne contemple que de loin
Fumée blanche qui stagne
Contraste avec le noir de nos idées.

La tête qui tourne, qui tourne tout court.
C'est la fièvre qui l'emporte.

La Nature est là pour nous rappeler à quel point
nous sommes petits et à sa merci.

NATURE 2

Froide nuit française
Les brins d'herbe se plaignent
De ne pas être des chênes
Qui révèlent leur parure unique
A nos regards sans surprise
Devant ce spectacle qui se répète
A l'infini avec quelques variantes.
La nature sait être brillante
Pour nous soigner du malaise
Ou nous rendre tristes et cyniques
Mais si jamais on la méprise
Elle pourra toujours soulever des tempêtes.

PLUIE D'OMBRES

Trois jours entiers figé sous la pluie à regarder tomber les ombres se décomposer en souriant à l'ennui.

Lit de lumières salies par le gris. Longs immeubles ensevelis sous des ombres rageuses. Ciel démoli par des montagnes de vapeur, ours de brouillard.

Gouttes d'eau tapageuses venant inextinguiblement saccager les dessins opaques qui forment des silhouettes désagrégées.
Canevas foncés en constante évolution qui n'aboutissent pourtant jamais à une œuvre définitive, ébauches obscures qui s'agrippent les unes aux autres face aux baisers de la bise.

Reflet de moi-même que la course des nuages fauche ; avalanches d'ombres assassinées, découpées en morceaux, piétinées et chevauchées par les fantômes envoyés d'une atmosphère d'outre-tombe.

Comédiennes délurées qui se jouent de nos corps, de nos sens, de nous et qui font de la terre leur théâtre.

Monde atomisé par une pluie d'ombres.

LE CHAT

« Jamais on n'nettoie ma gamelle », grommelait
Le chat
Animal sans cesse caressé, cajolé,
Le chat
Toujours à l'affût de nourriture : souris
Ou rats
Trophée entre les dents, un tueur en série
Le chat
S'il savait parler, je suis sûr qu'il chanterait :
« Hourra ! »
Il grogne, ronronne et surtout dort sans arrêt,
Le chat.

LE MAGE

Obscurcir des propos déjà abscons
Voilà à peu près tout ce dont était capable le mage
à la grande barbe blanche.
Il disait qu'il pouvait s'entretenir avec les fourmis
et qu'il connaissait par cœur, sur le bout de ses onze
doigts, les serments que se font les serpents.

La chevalière sur son doigt de trop servait de clé
pour entrer dans les caves à vin du Royaume.
Voilà ce dont était vraiment capable le mage,
descendre deux ou trois litres de rouge par jour puis
raconter ensuite qu'il pouvait construire un nouveau
soleil et dupliquer des étoiles.

Quand il n'était pas dans les caves, il passait le plus
clair de son temps dans son laboratoire, seul avec
ses gros livres.
Voilà ce dont était réellement capable le mage, il restait
là avec ses vieux livres mais ne les lisait même pas,
non, il reniflait leur poussière et cela le mettait dans un
état second.
Il racontait ensuite qu'il savait converser avec
les libellules, faire rapetisser les arbres,

devenir nyctalope de l'oeil droit, inverser le sens de rotation de la Terre. Et tout un tas d'autres pouvoirs.

Jamais il ne prouvait ce qu'il avançait, mais le peuple le croyait sur parole, car il avait tout de même une grande bague et une belle bague, et surtout parce qu'il angoissait les enfants.

ALEATOIRE

Dans l'antichambre des archanges sonne Septembre
C'est le mois où se noient les chauds soleils moites
Dans des lagons gris lorsque les nuages démembrent
Les premiers éclairs qui sortent de leurs boîtes.

Voici venir le froid et ses nombreux jours blancs
Liturgies hivernales, léthargie banale
On peut rester les pieds croisés, les bras ballants
En déneigeant nos rêves d'envies virginales.

Arrivent le Printemps et ses lumières vives
Les jeux d'adolescents, le chant des fières grives
Fleurit le lilas, une embellie du décor
Levons notre verre à la vie qui vient d'éclore.

Surgit enfin la saison ou tinte la fougue
Des matins ardents qui tombent sous notre joug
Dès l'aurore on sent sur nous l'étreinte solaire
Un coin d'ombre sera le plus beau des salaires.

AUBE

Est-ce que tu peux t'égarer
Quand tu sais où tu es ?
Oh comme on se retrouve
Etonnés que la porte s'ouvre.

Essoufflés par la nuit
Est-ce la folie qui nous nuit ?
A la santé des ennemis
Majesté des insoumis.

Et tes yeux qui se révulsent
C'est tout ce sang que tu suces
On a abandonné nos sombres robes
Laisse moi imaginer à quoi ressemble l'aube.

Toutes tes promesses superflues :
Mille caresses pour ton salut
Et dès que l'on en aura assez
Des clones viendront nous remplacer.

On a chassé les fantômes
Reviennent danser leurs atomes
Attention monsieur Silence
Une mention pour mon ignorance.

NIER LE NEANT

C'est le même son de cloche
    Depuis la nuit des temps
A regarder de trop près le néant
    Tu vas finir par retomber dedans
Pourquoi est-ce que tu t'accroches ?
    Tu as perdu ton plan
Et bientôt ton honneur trop peu saillant.
    Mais ce n'est pas un reproche.

DU VENTRE DE LA TERRE

Tu es le dernier.
Nous ne savons plus quoi faire de toi !
Calme-toi ! Calme-toi ! On va te trouver une place.

Et, quel est ce bruit ?
Ah d'accord, juste une veine dans ton cerveau.
Ça va ? Tu sais qui tu es ?
Tu as encore toute ta tête ?
Oh non, il te manque un bout de visage.

Ce n'est rien, avance un peu
Tu as du retard à rattraper
Il faut te faire pardonner et te taire.

Les autres ne t'attendent pas, ils sont déjà en haut
Et toi tu sors à peine du ventre de la Terre.

UN SOIR AU THEATRE

Hier soir nous nous sommes tous rendus au théâtre
Mais on n'était pas deux pas trois pas non plus quatre
On était une centaine à vouloir entrer
On faisait la queue devant, un peu en retrait.

Soudain : « Désolé messieurs dames, c'est complet ! »
« Comment ça complet ? On a déjà nos tickets !
C'est un comble et on va vous le faire payer. »
On s'est mis à huer, à jouer du sifflet.

On est donc entré sans leur autorisation
On n'a rien cassé, on n'avait pas trop de haine
On est tout simplement tous monté sur la scène
Ce soir-là ce fut notre unique prestation.

AME EPLOREE

Il y a un déchet sur la route
Encore une âme ruinée par l'amour
Chancelante, ivre et en proie au doute
Les voitures freinent, en font le tour.

Personne n'a envie de l'aider
Même moi je ne sais quoi lui dire
Allez ma vieille essaie un sourire
Rien n'y fait, elle a l'air possédée.

Ses beaux yeux ne sont plus que des larmes
Dans lesquelles se meurent les charmes
D'un amour qu'elle a tant adoré
Eh bien chiale, pauvre âme éplorée.

UN VIEUX POETE

On m'a dit que c'était la boisson
Qui faisait écrire son crayon
Le vieil homme sans inspiration
Il ne sait plus rugir comme un lion.

Hier il avait composé des vers
Qui surpassaient ceux de Baudelaire
Depuis ses mots ne sont plus très fiers
Ils sentent le whisky et la bière.

Muses, prenez soin du vieux rêveur
Faites-lui cette ultime faveur
Sa verve a perdu de la saveur
Mais il vous adore avec ferveur.

LE VIEUX VOYAGEUR

Il récite souvent des vers de de Musset
Le voyageur perdu sous ses étoiles bleues
Sous ses lunes mauves, ses soleils rapiécés
Avançant jour et nuit, il n'est guère frileux.

Où cours-tu donc vieux voyageur ? Que cherches-tu ?
Le temps est un éclair et les années te tuent.
N'a tu pas quelque part un foyer qui t'attend ?
Pourquoi ne t'arrêtes-tu jamais un instant ?

Il parcourt les villes, les forêts, les montagnes
A la recherche de son pays de Cocagne
Moi je sais très bien que son périple a un sens
Oui je connais le but de toute son errance.

Il marche car un jour sa vie a basculé
Marche pour oublier comme d'autres vont boire
Marche pour rester droit face à son désespoir
Marche pour admirer des contrées reculées.

Symbiose avec sa communauté de fantômes
L'univers est comme son immense royaume.

COMPTER LES HEURES

Eclat de rire d'un diable mort
Ressuscité pour l'occasion
C'est la fête chez ceux qui ont l'or
Mais qui a perdu la passion.

Pour sauver l'honneur
Ils comptent les heures.

Ce sont les mutants qui ont gagné
Les trafiquants de la Vérité
Contre une poignée de faux billets
T'offrent une dose d'humanité.

Pour sauver l'honneur
Ils comptent les heures.

COMPLAINTE DANS LA NUIT

« Tiens c'est pour toi ! De nouvelles rimes idiotes.
– Il ne fallait pas, sûr que c'est encore pire que
d'habitude. Tu persistes dans l'erreur et tu n'as pas
de profondeur. »

« C'était ce bruit anodin
Un ronflement sourd qui sortait d'un train
Et il y avait ce type avec tout un attirail
De victuailles qu'il déterrait de ses entrailles.
Et un autre gars braillait :
T'as ce que je veux
Mais c'est toi qui commandes
De si belles reliques, ah, j'enrage.
Oui ça va bien mieux
J'ai apprécié l'offrande
On est tous si unique, suivant l'âge.
Je pourrai te le rendre si je te l'emprunte
Tu peux tout me vendre pour soulager mes craintes
J'ai enfin trouvé la sortie du labyrinthe
J'ai savouré le soir et voici sa complainte :
Il est des jours et de l'ennui
Où les fêtes ne sont que nuits.
Des roulements de tambour sortaient du val
J'ai nui au bon déroulement du festival.

J'ai été la tête pensante
Toujours à panser tes plaies de plaisir
L'entité secrète, l'Hydre à tuer.
Je suis tellement bon dans ce que je ne ferai jamais
Que j'en reste songeur et benêt.
Je n'ai pas besoin de ton avis, je m'en fous,
Je ne doute de rien car je sais déjà tout,
Je suis le meilleur dans tout ce qui est mauvais
Des fois je pleure mais ce n'est jamais pour de vrai.
Rumine que tu culmines en haut lieu
Non, pas près d'une cheminée mais à la droite
du plus vieux.
Retirons-nous de la partie
Pas assez forts en affaire
Fort à faire pour te satisfaire
Où se trouve la sortie ? »

Cela continuait sans interruption,
Mélange de prose et d'aberrations
Manquant irrémédiablement de versification…
J'ai vomi d'incompréhension.

REQUINS

Requins fous
Ils ont les dents longues
Les sirènes chantent à tue-tête
« Sauvez-vous, personne ne le fera à votre place ! »
L'instinct de survie en a poussé plus d'un à se noyer
Plutôt que de voir son sang laisser des traces
Dans la houle où la mort guette
Sous la forme d'ondes
Ondes aux ailerons et aux mâchoires déployées
Qui s'emparent de vous.

L'un allait plus vite, l'autre a fait des détours
Elle était première, lui second, et pourtant…
Le lièvre et la tortue sont morts le même jour
Personne ne gagne à la course avec le Temps.

LA FLEMME (*)

J'ai le temps de perdre du temps.
Tu m'entends ou dois-je crier ?
Comme un enfant… Je sais me faire prier !
Pour être franc, je ne suis pas assez grand

Pour te dire je t'aime
Ecrire des poèmes
Oh j'ai la flemme.

Tu peux pas me tuer comme ça
Et d'abord, je meurs si je veux
Un effort, des fleur dans tes cheveux
Mais je suis allergique au colza.

Te dire je t'aime
Blanc comme un an blême
Oh j'ai la flemme.

I DON'T CARE (*)

I don't care if I'm alone
She said : « Hi ! »
I was too dumb, she's gone

Si dans ma tête il pleut
Alors je pense à toi
Et à tes cheveux bleus
Et à mon mal de foi

I don't care if I'm alone
She said I
I was too dumb, she's gone.

Il neige des soleils
Oui tout va bien pour moi
Bien sauf dans mon sommeil
Si jamais je t'y vois.

CIEL BLANC (*)

Je reste sur ma fin depuis le début
Quand cesserai-je enfin d'avoir l'air déçu ?
J'ai peur du vide, de ce qu'il y a dedans
Je pleure de l'acide, je me mords les dents.

Je peux briller dans le noir
Je peux prier sans croire
Je peux crier sans bruit
Je peux envier la nuit
Car tout autour de moi
Tout autour, il y a ce ciel blanc.

Ça y est c'est pas trop tôt, on vient me chercher
J'ai été tout beau, oui j'ai tout mangé
Je suis un déchet bon pour la casse
Je suis allongé au fond de l'impasse.

FLASH

Une pluie-cristal tombera pour noyer la joie
Et la lune se lamentera de n'être qu'une pierre-nuit-nacrée
Lorsque les faucons tournoieront sur les cendres de ton soleil
Alors tu partiras hautaine en reine-comète.

SPIRITUELLEMENT NU(L)

Le Président des Prêtres Polygames a dit :
« J'aime plusieurs déesses ! »
Les Soeurs s'insurgent :
« La Nouvelle Église vous fera payer ça ! »
On ne blasphème pas sans Châtiment en retour.

Des larmes d'acrylique ont coulé.
Sur le parvis, des milliers de fidèles se sont prosternés.

« Je vous l'avais dit, se désolait Frère Jean,
La vie n'est pas un jeu et Dieu n'est pas content.
Tes amants, Seigneur, s'aiment-ils sciemment ? »

« Le bon temps est révolu, vous l'aurez voulu !
Dépêchez-vous de pécher ! », ordonna la voix
qui émanait d'une tornade de fumée.

Puis le tocsin chanta jusqu'à ce que la vapeur
se soit entièrement dissipée et toute la foule, Président,
Frères et Soeurs, disciples, pécheurs, contempteurs, pèlerins,
tous se retrouvèrent nus comme des vers.

INSOMNIE

Souplesse, écriture vaine.
Je vous suis dévoué
Un jouet parmi tant d'autres
Voilà ce que j'étais.
Onde traîtresse souveraine
Qui m'a transpercé
Ce soir je serai votre hôte.

Dors et lis tes rêves
Ne vois-tu pas la beauté ?
Prosterne-toi devant elle
Même si elle est irréelle
Même si tu ne la connais
Ni d'Adam ni d'Eve.

Ta peau mise à prix
Gare au répit
Quelqu'un t'oublie
Là-haut, un cri.

Qui donc est-ce qui cuisine ce soir ?
Une fille, c'est ton cœur qu'elle prépare.

SERVITEUR DES MOTS

Transpirant la transparence
Je transperce la tristesse
de l'apparence.
En transe atroce
Phrases féroces
Agressant la feuille complice
Accord tacite
Car angoisse de la page vierge
Cortège de pépites
Certes peu novatrices
Cependant les neurones gambergent
Pour les rendre pleines d'ivresse.
Détracteur détraqué
Le trac d'être traqué.

APPRENTI-SAGE

Je me réfugie derrière ma poésie,
Ah, quelque chose cloche là-bas au dehors.
Un peu de magie mais je n'ai pas tout saisi
Au fond de mes poches : aucune trace d'or.

Poème : « Pourquoi ne m'écris tu pas plus long ?
Peau blême ? dessine-la bronzée aux poils blonds ! »

Les poètes auront toujours une bonne raison pour
mourir
Ou plutôt pour faire mourir leurs mots idiots sur une
page
Idiots les poètes, idiots leurs messages dans leurs mots
sages
Idiote leur fascination pour tout, jambes, yeux et
sourires

III. Vaine Poésie

Le confinement, mis en place suite à l'apparition du (de la ?) Covid-19, m'a permis de faire du tri dans mes affaires et aussi de finir quelques poèmes entamés depuis un moment. Certes, j'aurais sans doute eu le temps de le faire avant, mais on va dire que cela m'a servi à me fixer un objectif.

Cette dernière partie regroupe donc une dizaine de poèmes plus ou moins récents… En fait, certains ont plus de cinq ans, c'est le cas des deux premiers. Je les avais écrits en été 2014 et je les ai seulement retrouvés ces jours-ci. J'avais aussi écrit quelques trucs en anglais (courant 2015 – 2016), ce n'est peut-être pas toujours très juste au niveau grammatical. Je n'ai pas un excellent niveau en anglais, c'était pour m'entraîner.

Il n'y a finalement que les quatre derniers qui sont réellement récents. Avec plus ou moins de réussite dans le choix des mots, des rimes.
Bon, cela ne sert pas vraiment à grand-chose de vouloir dater, c'est plutôt pour donner une idée mais aussi pour vérifier ce que je racontais en introduction : j'écris beaucoup moins de poésie. J'aimerais réécrire de la prose, peut-être un nouveau livre cette année, si je

trouve l'inspiration. Ou une pièce de théâtre, cela me plairait, mais, eh, ce n'est pas évident. On verra si j'ai avancé dans quelques mois.

Bien à vous.

A.G.

La pluie noire éteindra les derniers feux
L'amour ne sera plus qu'un simple jeu
Que d'écrans, de manque de cran
Plus d'accroc, de marque de crocs

Histoires de chiffre, d'or ou d'argent
D'impuretés ou bien de détergent
D'ordinateurs et de photographies
D'ordinaires cœurs, de petits défis.

A condition d'ailes

Tu as souri dans un transport sombre
Etait-ce de joie ou de pitié
Etait-ce pour te moquer de moi
Une façon de me rabaisser

J'aurais à jamais suivi ton ombre
Etait-ce l'amour ou l'amitié
Il m'aurait fallu bien plus de foi
Tout le monde a peur d'être blessé.

Gaming love

If I played your games
I would have the feeling
To be another name
(on a list with many names)
I am just the same
Everyone's everything
When people are really in love
It shows, maybe they send flowers ?
When people are really crying
Do they share this on computers ?
I am not above
I don't care if I'm old
Heart-shaped-smiles they broke my heart
One day, I'll be more bold
Because all we are will rust.

Only one

One more night to stand alone
I'm hearing my old good bones
I won't picture anyone
Just thinkin' of birds or swans

Beauty would be a gift for my heart
But dangerous too
Sometimes love can hurt
And I wished only one and not two.

GRANDE SURFACE

Tu poussais ton caddie avec la grâce d'un
Palmipède, un canard pour être plus précis,
Enfin, je n'ai rien dit, moi je n'ai rien d'un daim.
Tu mis dans un sachet quelques kiwis ou pommes,
Sans fard, avec dédain, tu mâchais un chewing-gum.
Tel un colifichet, j'admirais indécis
Cette femme inconnue qu'il ma semblé aimer,
Je ne suis parvenu à lui dire, jamais.

Quelques pensées ou vers, en vrac

Dire que quelqu'un a un comportement « passif-agressif », n'est-ce pas déjà là un comportement de type « passif-agressif » ? Mais, se poser cette question, n'est-ce pas là non plus un comportement de type « passif-agressif » ?

-

Il faut bien qu'il y ait un Dieu et il faut bien qu'il n'y en ait pas, pourrait dire un agnostique.
Il faut bien qu'il y ait des riches et il faut bien qu'il y ait des pauvres, pourrait dire un économiste.

-

Il y a des gens imbus d'eux-mêmes qui croient que ce sont les autres qui sont imbus d'eux-mêmes. Le mieux étant de ne pas être imbuvable.

-

Une personne est naïve car d'autres veulent qu'elle le soit. Cela dit, une personne peut vouloir rester naïve.

Il faudrait qu'on réécrive le scénario
Tu serais la princesse et je serais Mario

Il ne faudrait pas rien être un jour asservi
Aujourd'hui tout va bien, aujourd'hui je revis.

La poésie suinte par chaque pore de ses phrases.

Extirpez Poésie du bas-fond de votre âme
Comme le sang jaillit au contact de la lame.

-

J'avais lu quelque part (un journaliste, un poète ? ma mémoire me fait défaut) que les deux premiers vers des bons poètes étaient donnés par les anges ou par Dieu lui-même, ou par d'autres Dieux si l'on est polythéiste. J'avais trouvé cela assez étrange pour être souligné.

-

Je t'écris pour te dire que je peux t'écrire.
Je t'écris pour te dire que j'aimerais t'écrire.
Il s'agit là de deux variations sur une phrase de Fernando Pessoa : « Je vous écris pour vous dire que je ne peux pas écrire », dans Fragments d'un voyage immobile.

-

Vous avez le droit d'être pressé, j'ai le droit de ne pas l'être. Bon, l'inverse est possible, c'est la tolérance.

LA JOIE

La joie a transparu sur mon visage niais
J'ai souri bêtement, applaudi des deux mains
J'ai hoché la tête, le buste un peu en biais.
Je raconte cela pour m'inscrire en humain.

Demandez à Raymond si rire est un métier
Il ne répondra pas alors bon, je divague :
« La joie est à moitié le tiers de l'amitié
Le rire est au monde ce que l'encre est aux livres »

Bref, je jubilais donc, sans pourtant être ivre
Une raison quelconque, un truc drôle, une blague.

Phénomène rare : mes yeux noirs pétillaient,
Dans mon esprit chantait une voix : « Yeah, yeah, yeah ! »
Il fallait profiter avant que ne reviennent
Mes vieilles tristesses, mélancolies anciennes.

(Divinité Commune ?)

Des yeux comme des feux glacés, deux fleurs racées
Ils ne sont pas de ceux à paraître effacés
Et même s'ils l'étaient, un peu froissés ou gris
-Cela est subjectif, une vue de l'esprit-
Je les adorerais ces vraies divinités.

A eux, j'abornerai, forfait illimité,
Mon âme. Car la tienne ancrée en ton regard
M'hypnotise, m'aliène. Et lorsque je m'égare
Quand ma pensée se meurt, quand mon corps se perd.
Dieu !
Ta voix guide mon cœur auprès de tes beaux yeux.

UNE VISION

Je vois mille soleils planer sur lacs gelés
Contraste saisissant : blanche glace incendiée
Une vision de fin ou de début d'un monde.

Foudres ! Il tombe des éclairs comme des sondes
Qui balaient le ciel noir plein d'un semblant de vide.

Pourtant les planètes sont à deux pas d'ici
Nous n'avons qu'à tendre les bras, à traverser
L'océan céleste bercé d'espoirs limpides.

Prouesses de science, passerelles d'acier
Bulles dans des fusées soyeuses, vaisseaux fiers
Nous conduisant très loin de ceux au cœur de pierre
Vers d'autres destinées, d'autres péripéties.

Déjà nous arrivons aux confins de l'espace
Cent lunes décorent l'horizon -il s'efface-
A la croisée des Dieux, le Tout, le Rien, scellés
Par la force sacrée des étoiles gercées.

Lorsque tu t'endors

Ces phrases, je vais les réduire en poudre d'or
En silences d'argent, en paroles d'étoile
Tous ces mots esseulés, je les rassemblerai
Qu'ils soient intransigeants, qu'ils soient désespérés
J'en ferai des bouquets tendres, duvets de moelle,
T'attendant sur les quais des rêves quand tu dors.